CONSEILS

de

PRUD'HOMMES

LOI DU 21 JUIN 1924

Portant codification des Lois ouvrières

(Livre IV du Code du travail et de la Prévoyance sociale)

USAGES LOCAUX

DE TROYES

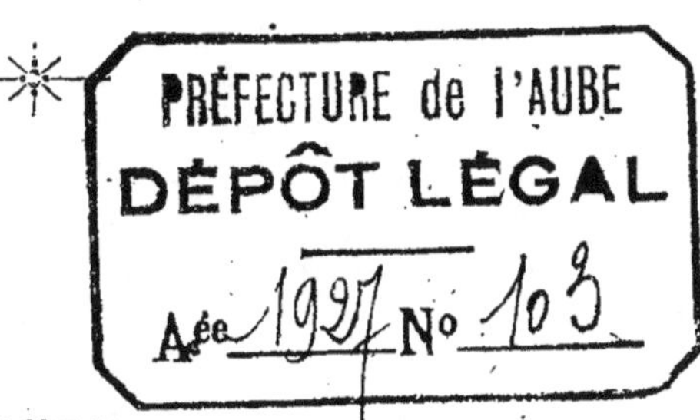

TROYES

IMPRIMERIE ET LITHOGRAPHIE J.-L. PATON

27 et 29, Rue Général-Saussier

1927

Code du Travail et de la Prévoyance sociale

LIVRE IV

LOI DU 21 JUIN 1924

CHAPITRE PREMIER

De la juridiction

Attributions. — Institution des Conseils de Prud'hommes

ARTICLE PREMIER. — Les Conseils de Prud'hommes sont institués pour terminer, par voie de conciliation, les différends qui peuvent s'élever à l'occasion du contrat de louage d'ouvrage dans le commerce et l'industrie entre les patrons ou leurs représentants et les employés, ouvriers et apprentis de l'un et de l'autre sexe qu'ils emploient.

Ils jugent, dans les conditions de compétence déterminées par le chapitre VII du présente livre, les différends. à l'égard desquels la conciliation a été sans effet.

Leur mission, comme conciliateurs et comme juges, s'applique également aux différends nés entre ouvriers à l'occasion du travail.

Néanmoins, ils ne peuvent connaître des actions en dommages-intérêts motivées par des accidents dont les ouvriers ou employés ou apprentis auraient été victimes.

. Ils doivent donner leur avis sur les questions qui leur seront posées par l'autorité administrative.

Ils exercent, en outre, les attributions qui leur sont confiées par des lois spéciales.

ART. 2. — Les Conseils de Prud'hommes sont établis par décrets rendus en la forme des règlements d'administration publique, sur la proposition du Ministre de la Justice et du Ministre du Travail, après avis des Chambres de Commerce et des Chambres consultatives des arts et manufactures et des

Conseils municipaux des communes intéressées, dans les villes où l'importance de l'industrie ou du commerce en démontre la nécessité.

Des modifications peuvent être apportées dans la même forme au décret d'institution.

ART. 3. — La création d'un Conseil de Prud'hommes est de droit lorsqu'elle est demandée par le Conseil municipal de la commune où il doit être établi, avec avis favorable des Chambres de commerce et des Chambres consultatives des arts et manufactures, du Conseil général du département, du ou des Conseils d'arrondissement du ressort indiqué et de la majorité des Conseils municipaux des communes devant composer la circonscription projetée.

ART. 4. — Le décret d'institution détermine le ressort du Conseil, le nombre des catégories dans lesquelles sont répartis les commerces et les industries soumis à sa juridiction et le nombre des Prud'hommes affectés à chaque catégorie, sans que le nombre total des membres du Conseil puisse être impair ou inférieur à douze. Les ouvriers et les employés sont classés dans des catégories distinctes.

Le décret détermine, s'il y a lieu, les sections des Conseils et leur composition.

ART. 5. — Il ne peut exister dans chaque ville qu'un Conseil de Prud'hommes.

Le Conseil peut être divisé en sections. Les catégories d'ouvriers et les catégories d'employés sont classées dans des sections distinctes. Chaque section est autonome.

Les professions du commerce, qu'elles soient classées en une ou plusieurs catégories, sont toujours réunies dans une section spéciale.

CHAPITRE II

De l'organisation des Conseils de Prud'hommes

ART. 6. — Les Conseils de Prud'hommes sont composés d'un nombre égal, pour chaque catégorie, d'ouvriers ou d'employés et de patrons. Il doit y avoir au moins deux Prud'hommes patrons et deux Prud'hommes ouvriers ou employés dans chaque catégorie.

ART. 7. — Les membres des Conseils de Prud'hommes sont élus pour six ans. Ils sont renouvelés par moitié tous les trois ans.

Néanmoins, si le mandat des Prud'hommes sortants vient à

expiration avant l'époque fixée par l'article 33 pour la réception de leurs successeurs, ils restent en fonctions jusqu'à cette réception.

ART. 8. — Le renouvellement triennal doit porter sur la moitié des membres ouvriers ou employés et sur la moitié des membres patrons, compris dans chaque catégorie du Conseil. Dans chacune de ces catégories, le sort désigne les Prud'hommes qui sont remplacés la première fois.

Les Prud'hommes sortants sont rééligibles.

Les élections nécessitées par le renouvellement triennal ont lieu dans la première quinzaine de novembre.

ART. 9. — Dans la première quinzaine de janvier, les Prud'hommes, réunis en Assemblée générale de section, sous la présidence du doyen d'âge, élisent parmi eux, au scrutin secret, à la majorité absolue des membres présents, un Président et un Vice-Président. Si les membres présents ne sont pas en nombre égal pour chaque élément, le ou les plus jeunes membres de l'élément en surnombre ne prennent pas part au vote.

Après deux tours de scrutin sans qu'aucun des candidats ait obtenu la majorité absolue des membres présents, si, au troisième tour, il y a partage égal de voix, le conseiller le plus ancien en fonctions est élu. Si les deux candidats ont un temps de service égal, la préférence est accordée au plus âgé ; il en est de même dans le cas de création d'un nouveau Conseil ou d'une nouvelle section. Si, au troisième tour de scrutin, il n'y a pas partage égal de voix, le Président est élu à la majorité relative, à la condition de réunir la moitié des voix des membres présents.

Il n'est procédé à la nomination du Président et du Vice-Président qu'autant que chaque élément comprend un nombre de membres installés égal aux trois quarts des membres qui lui sont attribués par le décret d'institution.

ART. 10. — Le Président est alternativement un ouvrier ou employé, ou un patron.

Lorsque le Président est choisi parmi les Prud'hommes ouvriers, employés, le Vice-Président ne peut l'être que parmi les Prud'hommes patrons, et réciproquement.

ART. 11. — En cas de création ou à la suite d'un renouvellement intégral, le sort décide si c'est un patron ou si c'est un ouvrier ou employé qui présidera le premier. Il en est de même quand un élément n'est pas représenté dans le Conseil ou la section pendant une ou plusieurs périodes triennales par application de l'article 35 du présent titre.

ART. 12. — Exceptionnellement, dans le cas prévu par l'arti

cle 35, le Président et le Vice-Président peuvent être pris tous deux soit parmi les Prud'hommes ouvriers ou employés, soit parmi les Prud'hommes patrons, si le Conseil ne se trouve composé que de l'un ou de l'autre élément.

Art. 13. — Les réclamations contre l'élection des membres du bureau sont soumises à la Cour d'appel dans les conditions déterminées par l'avant-dernier alinéa de l'article 32 ; elles doivent être faites dans la quinzaine.

Art. 14. — Si le Président ou le Vice-Président élu refuse de se faire installer, donne sa démission ou est déclaré démissionnaire par application de l'article 39, et si l'un de ces divers faits vient à se reproduire au cours d'une même année, il n'est pourvu à la vacance que lors du prochain renouvellement du bureau.

Art. 15. — Le Président et le Vice-Président sont élus pour une année ; ils sont rééligibles sous la condition d'alternance de l'article 10.

Ils restent en fonctions jusqu'à l'installation de leurs successeurs.

Art. 16. — Les Présidents et Vice-Présidents des sections se réunissent chaque année pour élire parmi les premiers, dans les formes prévues à l'article 9, le Président du Conseil de Prud'hommes, qui est chargé des rapports avec l'administration et entre les sections, de l'administration intérieure et de la discipline générale.

Art. 17. — Il est attaché à chaque Conseil un Secrétaire et, s'il y a lieu, un Secrétaire adjoint. Dans les Conseils comprenant plusieurs sections, chaque section peut être pourvue d'un Secrétaire et, au besoin, d'un Secrétaire adjoint. Les postes de Secrétaire et Secrétaire adjoint sont créés et supprimés par décret rendu sur proposition du Ministre de la Justice.

Art. 18. — Le Secrétaire assiste et tient la plume aux audiences des bureaux de conciliation et de jugement.

Art. 19. — Les Secrétaires et Secrétaires adjoints sont nommés par arrêté préfectoral sur une liste de trois candidats, arrêtée en Assemblée générale, à la majorité absolue. Ils prêtent serment devant le tribunal civil. Leurs traitements sont fixés par arrêté de préfet.

Art. 20. — Les Secrétaires et Secrétaires adjoints sont assimilés, pour les droits à la retraite, aux employés de préfecture. Toutefois, ceux qui bénéficient déjà d'un régime de retraite pourront opter entre ce régime et celui des employés de préfecture. Dans le cas où ils opteront pour ce dernier régime, ils seront admis à faire valoir leurs services antérieurs en effectuant rétroactivement, s'il y a lieu, les retenues qu'ils auraient dû subir.

ART. 21. — Les Secrétaires et Secrétaires adjoints ne peuvent être révoqués de leurs fonctions que par arrêté préfectoral pris sur une délibération motivée, signée des deux tiers au moins des Prud'hommes, réunis en Assemblée générale spéciale à laquelle l'intéressé est convoqué pour être entendu sur les faits qui lui sont reprochés.

CHAPITRE III

De l'élection des Prud'hommes

ART. 22. — A condition : 1° d'être inscrit sur les listes électorales politiques ; 2° d'être âgé de 25 ans révolus au plus tard le dernier jour du délai imparti pour l'inscription des électeurs par le maire ; 3° d'exercer depuis trois ans, apprentissage compris, une profession dénommée dans le décret d'institution du Conseil et d'exercer cette profession dans le ressort du Conseil depuis un an.

Sont électeurs ouvriers : les ouvriers, les chefs d'équipe ou contremaîtres prenant part à l'exécution matérielle des travaux industriels et les chefs d'atelier de famille travaillant eux-mêmes.

Electeurs employés : les employés de commerce et d'industrie et les contremaîtres ne remplissant que des fonctions de surveillance ou de direction.

Electeurs patrons : les patrons occupant pour leur compte un ou plusieurs ouvriers ou employés, les associés en nom collectif, ceux qui gèrent ou dirigent pour le compte d'autrui une fabrique, une manufacture, un atelier, un magasin, une mine et généralement une entreprise industrielle ou commerciale quelconque ; les présidents des Conseils d'administration, les administrateurs délégués, les ingénieurs et chefs de service tant dans les exploitations minières que dans les diverses industries.

Sont inscrites également sur les listes électorales, suivant la distinction ci-dessus, les femmes possédant la qualité de Française, réunissant les conditions d'âge, d'exercice de la profession et n'ayant encouru aucune des condamnations prévues aux articles 15 et 16 du décret organique du 2 février 1852.

ART. 23. — Sont éligibles, à condition de résider depuis trois ans dans le ressort du Conseil, d'être âgées de 30 ans et de savoir lire et écrire : 1° les personnes inscrites sur les listes électorales spéciales ou remplissant les conditions requises pour y être inscrites ; 2° les personnes ayant rempli ces conditions pendant cinq ans au moins dans le ressort, pourvu qu'elles soient de nationalité française et qu'elles n'aient encouru aucune des condamnations prévues aux articles 15 et 16 du décret organique de 1852.

ART. 24. — Chaque année, dans les vingt jours, non compris les jours fériés autres que les dimanches, qui suivent la revision des listes électorales politiques, le maire de chaque commune du ressort, assisté d'un électeur ouvrier, d'un électeur employé et d'un électeur patron désignés par le Conseil municipal, inscrit sur des tableaux différents : le nom, la profession et le domicile des électeurs ouvriers, employés et patrons.

Pendant la même période se fait l'inscription des femmes électeurs et des électeurs résidant en dehors du ressort du Conseil et sont reçues les déclarations des employés, concernant le genre de commerce ou d'industrie auxquels ils sont attachés. Les électeurs résidant en dehors du ressort du Conseil doivent se faire inscrire à la Mairie du siège de l'entreprise dans laquelle ils exercent leur profession.

ART. 25. — Ces tableaux sont adressés au préfet qui dresse et arrête la liste de chaque catégorie d'électeurs.

Les listes sont déposées au secrétariat du Conseil de Prud'hommes ; en cas de création de Conseil, elles sont déposées à la Mairie du siège du Conseil. En outre, la liste des électeurs de chaque commune est déposée au secrétariat de la Mairie. Dans les villes divisées en plusieurs arrondissements municipaux, la liste des électeurs de chaque arrondissement est déposée au secrétariat de mairie de cet arrondissement.

ART. 26. — Les électeurs sont avisés du dépôt par affiches apposées à la porte des Mairies. Dans la quinzaine qui suit la publication, des réclamations peuvent être formées contre la confection des listes ; elles sont portées devant le juge de paix du canton, instruites et jugées conformément aux articles 5 et 6 de la loi du 8 décembre 1883 sur les élections consulaires.

Les rectifications sont opérées conformément à l'article 7 de la même loi.

ART. 27. — En cas de création ou de réorganisation de conseil ou de section, il peut être procédé à la confection des listes électorales sans attendre l'époque fixée par l'article 24. Le point de départ de la période de vingt jours, prévue par ledit article, est fixé dans ce cas par un arrêté préfectoral.

ART. 28. — Les Prud'hommes ouvriers ou employés sont élus par les électeurs ouvriers ou employés, les Prud'hommes patrons par les électeurs patrons, réunis dans des Assemblées distinctes présidées chacune par le juge de paix, le suppléant du juge de paix, le maire ou l'adjoint désigné par le préfet.

ART. 29. — Tout Conseiller Prud'homme, ouvrier ou employé, qui devient patron, et réciproquement, doit déclarer au Procureur de la République et au Président du Conseil qu'il a perdu la qualité en laquelle il a été élu. Cette déclaration a pour effet nécessaire la démission.

A défaut de déclaration, l'Assemblée générale est saisie de la question par son Président ou par le Procureur de la République.

Le membre du Conseil auquel elle s'applique est appelé à cette réunion pour y fournir ses explications.

Le procès-verbal est transmis dans la huitaine par le Président au Procureur de la République et par celui-ci dans un semblable délai au Président du Tribunal civil.

Sur le vu du procès-verbal, la démission est déclarée, s'il y a lieu, par le Tribunal civil en Chambre du Conseil, sauf appel devant la Cour du ressort. Avis de la décision est donné au Préfet par le Procureur de la République et, en cas d'appel, par le Procureur général.

ART. 30. — Les élections ont lieu au scrutin de liste et par catégorie.

Au premier tour de scrutin, aucune élection n'est valable si les candidats n'ont pas obtenu la majorité absolue des suffrages exprimés et si cette majorité n'est pas égale au quart des électeurs inscrits ; la majorité relative suffit au deuxième tour.

En cas d'égalité de suffrages au deuxième tour, le candidat le plus âgé est proclamé élu.

ART. 31. — Lorsqu'il y a lieu de procéder à des élections, le Préfet convoque les électeurs au moins vingt jours d'avance, en indiquant le jour et l'endroit de leur réunion. Il fixe les heures d'ouverture et de clôture de chaque tour de scrutin.

Il peut y avoir plusieurs sections de vote.

Les élections se font toujours un dimanche. Le deuxième tour de scrutin aura lieu le dimanche suivant.

Pour les collèges divisés en plusieurs sections de vote, le dépouillement du scrutin se fait dans chacune d'elles. Le résultat est immédiatement arrêté et signé par le bureau ; il est ensuite porté par le Président au bureau de la première section de vote qui, en présence des présidents des autres bureaux, opère le recensement général des votes et proclame le résultat.

ART. 32. — Les règles établies par les articles 13, 18 à 25, 26 §§ 1er et 3, 27 à 29 de la loi du 5 avril 1884, sur les élections municipales, s'appliquent aux opérations électorales pour les Conseils de Prud'hommes.

Dans les trois jours qui suivent la réception du procès-verbal des élections, le Préfet transmet des copies certifiées de ce procès-verbal au Procureur général et au Secrétaire du Conseil de Prud'hommes.

Les protestations contre les élections sont formées, instruites et jugées conformément à l'article 11, §§ 5, 6 et 7, et à l'article 12 de la loi du 8 décembre 1883.

Avis de l'arrêt est donné au Préfet.

ART. 33. — Du 1ᵉʳ au 8 janvier de l'année qui suit le renou-vellement triennal, et, pour les autres élections, dans la quin-zaine de la réception du procès-verbal, le Procureur de la Répu-blique invite les élus à se présenter à l'audience du Tribunal civil, qui procède publiquement à leur réception et en dresse procès-verbal consigné dans ses registres. S'il n'existe pas un Tribunal civil au siège du Conseil, le juge de paix du canton invite les élus à se présenter à son audience et procède à leur réception dans les mêmes formes. Au cas où le siège du Conseil comprend plusieurs justices de paix, le Procureur général dési-gne le juge de paix chargé de procéder à la réception.

Au cours de cette réception, les élus prêtent individuellement le serment suivant :

« Je jure de remplir mes devoirs avec zèle et intégrité et de garder le secret des délibérations ».

Le jour de l'installation publique du Conseil de Prud'hommes, il est donné lecture du procès-verbal de réception.

ART. 34. — Dans le cas où une ou plusieurs vacances se pro-duiraient dans le Conseil, par suite d'annulation des premières élections, il est procédé à des élections complémentaires dans le délai d'un mois, à moins qu'il n'y ait pas plus de trois mois entre l'annulation et l'époque du prochain renouvellement triennal. Pour les autres vacances survenues par suite de décès, de démis-sion ou de toute autre cause, il n'est procédé à des élections complémentaires que dans la première quinzaine du mois de novembre qui suit, à moins toutefois qu'une catégorie n'ait plus de représentants dans l'un de ses éléments ou que le Conseil soit réduit aux trois quarts de ses membres.

Tout membre élu dans ces conditions ne demeure en fonc-tions que pendant la durée du mandat qui avait été confié à son prédécesseur.

ART. 35. — S'il y a lieu de procéder à des élections complé-mentaires, soit parce que les premières élections n'ont pas donné de résultats satisfaisants pour la constitution ou le com-plément du Conseil, soit parce qu'un ou plusieurs Prud'hommes élus ont refusé de se faire installer, ont donné leur démission ou ont été déclarés démissionnaires par application de l'article 39, et si l'un de ces divers faits vient à se reproduire, il n'est pourvu aux vacances qui peuvent en résulter que lors du prochain renouvellement triennal, et le Conseil ou la section fonctionne, quelle que soit la qualité des membres régulièrement élus ou en exercice, pourvu que leur nombre soit au moins égal à la moitié du nombre total des membres dont il doit être composé.

La même disposition est applicable au cas où une ou plusieurs élections ont été annulées pour cause d'inéligibilité des élus.

CHAPITRE IV

De la discipline des Conseils de Prud'hommes

ART. 36. — Chaque Conseil de Prud'hommes prépare, en assemblée générale, un règlement pour son régime intérieur.

Ce règlement n'est exécutoire qu'après l'approbation du Ministre de la Justice, et après celle du Ministre du Travail en ce qui concerne les attributions administratives et consultatives du Conseil.

ART. 37. — Les Conseils de Prud'hommes se réunissent en assemblée générale toutes les fois que la demande en est faite par l'autorité supérieure, par la moitié plus un des membres en exercice, ou lorsque le Président le juge utile. Le procès-verbal de chaque assemblée générale est transmis dans la quinzaine, par le Président, au Ministre de la Justice et, s'il y a lieu, au Ministre du Travail.

ART. 38. — Les membres des Conseils de Prud'hommes portent, soit à l'audience, soit dans les cérémonies publiques, sur le côté gauche de la poitrine et attachée par un ruban, une médaille en argent, signe de leurs fonctions. Un arrêté ministériel indique le module et les mentions de la médaille, ainsi que la couleur du ruban.

ART. 39. — Tout membre d'un Conseil de Prud'hommes qui, sans motifs légitimes et, après mise en demeure, se refuserait à remplir le service auquel il est appelé peut être déclaré démissionnaire.

ART. 40. — Le Président constate le refus de service par un procès-verbal contenant l'avis motivé du Conseil ou de la section, le Prud'homme préalablement entendu ou dûment appelé.

Si le Conseil ou la section n'émet pas son avis dans le délai d'un mois à dater de la convocation, le Président fait mention de cette abstention dans le procès-verbal qu'il transmet au Procureur de la République, lequel en saisit le Tribunal civil.

Art. 41. — Sur le vu du procès-verbal, la démission est déclarée par le Tribunal en Chambre du Conseil, soit que le Conseil de Prud'hommes ait délibéré ou non. En cas de réclamation, il est statué en Chambre du Conseil par la Cour d'appel. La réclamation doit être faite dans la quinzaine du jugement. Devant le Tribunal comme devant la Cour, l'intéressé doit être appelé.

Art. 42. — Tout membre d'un Conseil de Prud'hommes qui aura gravement manqué à ses devoirs dans l'exercice de ses fonctions sera appelé devant le Conseil ou la section pour s'expliquer sur les faits qui lui sont reprochés.

L'initiative de cet appel appartient au Président du Conseil de Prud'hommes et au Procureur de la République.

Dans le délai d'un mois à dater de la convocation, le procès-verbal de la séance de comparution est adressé par le Président du Conseil de Prud'hommes au Procureur de la République.

Le procès-verbal est transmis par le Procureur de la République, avec son avis, au Ministre de la Justice. Les peines suivantes peuvent être prononcées selon les cas :

La censure ;

La suspension pour un temps qui ne peut excéder six mois ;

La déchéance.

Art. 43. — La censure et la suspension peuvent être prononcées par arrêté du Ministre de la Justice. La déchéance est prononcée par décret.

Art. 44. — Tout Prud'homme élu, qui refuse de se faire installer, donne sa démission ou est déclaré démissionnaire en vertu de l'article 39, ne peut être réélu avant le délai de trois ans à partir de son refus, de sa démission ou de la décision du Tribunal qui le déclare démissionnaire.

Art. 45. — Tout Prud'homme contre lequel la déchéance a été prononcée ne peut plus être réélu aux mêmes fonctions.

Art. 46. — L'acceptation du mandat impératif, à quelque époque et sous quelque forme qu'elle se produise, constitue de la part d'un Conseiller Prud'homme un manquement grave à ses devoirs.

Si le fait est reconnu par les juges chargés de statuer sur la validité des opérations électorales, il entraîne de plein droit l'annulation de l'élection de celui qui s'en est rendu coupable.

Si la preuve n'est rapportée qu'ultérieurement, il est procédé conformément aux dispositions des articles 42 et 43.

L'acceptation du mandat impératif ainsi reconnue a pour conséquence nécessaire, dans le premier cas l'inéligibilité, dans le second la déchéance.

Art. 47. — Les membres des Conseils de Prud'hommes qui auront refusé de se faire installer ou donné leur démission ou qui auront été, soit déclarés démissionnaires, soit déchus de leurs fonctions, peuvent d'office ou sur leur demande, être relevés des incapacités prévues par les articles 44 et 45.

Art. 48. — Les demandes en relèvement sont adressées au Ministre de la Justice. Elles ne sont recevables que s'il s'est écoulé un délai d'un an depuis le refus d'installation, la démission ou la déclaration de démission, ou de six ans à partir de la déchéance.

Toute demande rejetée après un examen au fond ne pourra être renouvelée qu'après un nouveau délai, qui sera d'un an dans le premier cas et de six ans dans le second.

Art. 49. — Le relèvement ne peut, en aucun cas, être prononcé soit d'office, soit sur la demande des intéressés, que par décret rendu après avis du Conseil d'administration du Ministère de la Justice.

Art. 50. — Les fonctions de Prud'hommes sont entièrement gratuites vis-à-vis des parties : ils ne peuvent réclamer aucun frais des parties pour les formalités remplies par eux.

Art. 51. — En cas de plainte en prévarication contre les membres des Conseils de Prud'hommes, il sera procédé contre eux suivant la forme établie à l'égard des juges par l'article 483 du Code d'instruction criminelle.

Art. 52. — Les articles 4 et 5 du Code civil, 505 à 508, 510 à 516 du Code de procédure civile, 126, 127 et 185 du Code pénal sont applicables aux Conseils de Prud'hommes et à leurs membres individuellement.

La prise à partie est portée devant la Cour d'appel.

Art. 53. — Les Conseils de Prud'hommes ou leurs sections peuvent être dissous par un décret rendu sur la proposition du Ministre de la Justice.

Dans ce cas, les élections générales devront avoir lieu dans le délai de deux mois à partir de la date du décret de dissolution.

Jusqu'à l'installation du nouveau Conseil ou de la nouvelle section, les litiges seront portés devant le juge de paix du domicile du défendeur.

Les Conseil de Prud'hommes peuvent être également supprimés par décret rendu en la forme des règlements d'administration publique, sur la proposition du Ministre de la Justice et du Ministre du Travail.

En cas de dissolution d'une section ou d'un Conseil, les secrétaires ou secrétaires adjoints sont maintenus dans leurs fonctions.

CHAPITRE V

Du bureau de conciliation et du bureau de jugement

Art. 54. — Chaque section des Conseils de Prud'hommes comprend :

1° Un bureau de conciliation ;
2° Un bureau de jugement.

Art. 55. — Le bureau de conciliation est composé d'un Prud'homme ouvrier ou employé et d'un Prud'homme patron ; le règlement particulier de chaque section établit à cet effet un roulement entre tous les Prud'hommes ouvriers ou employés et tous les Prud'hommes patrons. La présidence appartient alternativement à l'ouvrier ou à l'employé et au patron, suivant un roulement établi par ledit règlement.

Celui des deux qui préside le bureau le premier est désigné par le sort.

Exceptionnellement et dans les cas prévus par l'article 35, les deux membres composant le bureau peuvent être pris parmi les Prud'hommes ouvriers ou employés ou parmi les Prud'hommes patrons, si la section ne se trouve composée que d'un seul élément.

Art. 56. — Les séances du bureau de conciliation ont lieu au moins une fois par semaine. Elles ne sont pas publiques.

Art. 57. — Le bureau de jugement se compose d'un nombre toujours égal de Prud'hommes patrons et de Prud'hommes ouvriers ou employés, y compris le Président ou le Vice-Président siégeant alternativement. Ce nombre est au moins de deux patrons et deux ouvriers ou employés.

A défaut du Président ou du Vice-Président que son tour de rôle appelle à la présidence, celle-ci revient au conseiller le plus ancien en fonctions de l'élément auquel appartient le Président ou le Vice-Président défaillant ; s'il y a égalité dans la durée des fonctions, au plus âgé.

Art. 58. — Exceptionnellement, dans les cas prévus à l'article 35, le bureau de jugement peut valablement délibérer, un nombre de membres pair et au moins égal à quatre étant présents, alors même qu'il ne serait pas formé d'un nombre égal d'ouvriers ou d'employés et de patrons.

En cas de partage, l'affaire est renvoyée dans le plus bref délai devant le même bureau de jugement présidé par le juge de paix de la circonscription ou l'un de ses deux suppléants. Le bureau délibère de nouveau avec ce magistrat et peut ordonner toutes mesures d'instruction qui paraîtraient nécessaires.

Art. 59. — Les délibérations du bureau de jugement sont prises à la majorité absolue des membres présents.

Art. 60. — Si la circonscription du Conseil comprend plusieurs cantons ou arrondissements de justice de paix, le juge de paix appelé à faire partie du bureau de jugement et à en exercer la présidence est le plus ancien en fonctions ou le plus âgé, s'il y a égalité dans la durée des fonctions.

Toutefois, le Président du Tribunal civil dans le ressort duquel le Conseil de Prud'hommes a son siège doit, dans le cas où il est ainsi ordonné par le Ministre de la Justice, établir entre les juges de paix de la circonscription du Conseil un roulement aux termes duquel ils feront le service à leur tour pendant un temps déterminé.

En sont dispensés, s'ils le demandent, les juges de paix des cantons hors desquels le siège du Conseil est fixé.

Art. 61. — Les séances du bureau de jugement sont publiques. Si les débats sont de nature à produire du scandale, le Conseil peut ordonner le huis-clos.

Le prononcé du jugement devra toujours avoir lieu en audience publique.

CHAPITRE VI

De la Procédure devant les Conseils de Prud'hommes

Art. 62. — Les parties peuvent toujours se présenter volontairement devant le bureau de conciliation, et, dans ce cas, il est procédé à leur égard comme si l'affaire avait été introduite par une demande directe.

Art. 63. — Le défendeur est appelé devant le bureau de conciliation par une simple lettre du Secrétaire qui jouit de la franchise postale.

La lettre doit contenir les jour, mois et an, les nom, profession et domicile du demandeur, l'indication de l'objet de la demande, le jour et l'heure de la comparution. Elle est remise à la poste par les soins du Secrétaire ou portée par le demandeur au choix de ce dernier.

Art. 64. — Si, au jour fixé par la lettre du Secrétaire, le demandeur ne comparaît pas, la cause est rayée du rôle et ne peut être reprise qu'après un délai de huit jours.

Art. 65. — Si le défendeur ne comparaît pas, ni personne ayant qualité pour lui ou si la conciliation n'a pu avoir lieu, l'affaire est renvoyée à la prochaine audience du bureau de jugement.

Les parties sont alors convoquées soit par lettre recommandée avec avis de réception, par le Secrétaire, soit par ministère d'huissier, suivant la décision prise sur ce point par le Conseil dans son règlement intérieur.

Dans le cas de convocation par lettre recommandée, à défaut d'avis de réception, le défendeur est cité par huissier. La citation contient les énonciations prescrites pour la lettre par l'article 63.

Art. 66. — Le délai pour la comparution est, dans les deux cas, d'un jour franc. Si la convocation a lieu par lettre recommandée, le point de départ du délai est la date de la remise figurant à l'avis de réception.

Art. 67. — Les témoins sont appelés dans les mêmes formes et délais.

Art. 68. — Dans le cas où la conciliation n'a pu avoir lieu, la cause, au lieu d'être renvoyée à une prochaine audience, peut être immédiatement jugée par le bureau de jugement, si les deux parties y consentent.

Art. 69. — Les parties sont tenues de se rendre en personne au jour et à l'heure fixés devant le bureau de conciliation ou le bureau de jugement.

Elles peuvent se faire assister et, en cas d'absence ou de maladie, se faire représenter par un ouvrier ou employé ou par un patron exerçant la même profession.

Les chefs d'entreprises industrielles ou commerciales peuvent toujours se faire représenter par le directeur gérant ou par un employé de leur établissement.

Le mandataire doit être porteur d'un pouvoir sur papier libre ; ce pouvoir peut être donné au bas de l'original ou de la copie de l'assignation.

Les parties peuvent déposer des conclusions écrites ; elles ne peuvent faire signifier aucune défense.

Les parties peuvent se faire représenter ou assister par un avocat régulièrement inscrit au barreau, ou par un avoué exerçant près du Tribunal civil de l'arrondissement.

L'avocat et l'avoué sont dispensés de présenter une procuration.

Art. 70. — Le Conseil, en cas d'absence, d'empêchement ou de refus d'autorisation du mari, peut autoriser la femme mariée à se concilier, demander ou défendre devant lui.

Art. 71. — Les mineurs qui ne peuvent être assistés de leur père ou tuteur peuvent être autorisés par le Conseil à se concilier, demander ou défendre devant lui.

Art. 72. — Au jour fixé, si l'une des parties ne comparaît pas, la cause est jugée par défaut.

Art. 73. — Dans les cas urgents, les Conseils de Prud'hommes peuvent ordonner telles mesures qui seront jugées nécessaires pour empêcher que les objets qui donnent lieu à une réclamation ne soient enlevés ou déplacés, ou détériorés.

Art. 74. — Les articles 5, 7, 10, 11, 12, 13, 14, 15, 18, 20, 21, 22, 28, 29, 31, 32, 33, 34, 35, 36, 37, 38 39, 40, 41, 42, 43, 46, 47, 54, 55, 73, 130, 131, 156, 168, 169, 170, 171, 172, 442, 452, 453, 454, 455, 456, 457, 458, 459, 460, 474, 480 et 1033 du Code de procédure civile, 63 du décret du 20 avril 1810, 17 de la loi du 30 août 1883 sont applicables à la juridiction des Prud'hommes en tout ce qu'ils n'ont pas de contraire aux dispositions du présent titre.

Art. 75. — Les actes de procédure, les jugements et actes nécessaires à leur exécution sont rédigés sur papier visé pour timbre et enregistrés en débet. Le visa pour timbre est donné sur l'original au moment de son enregistrement.

Par exception, les procès-verbaux, jugements et actes, sont enregistrés gratis toutes les fois qu'ils constatent que l'objet de la contestation ne dépasse pas la somme de vingt francs (20 fr.).

Ces dispositions sont applicables aux causes portées en appel ou devant la Cour de cassation. Elles le sont aussi à toutes les causes qui sont de la compétence des Conseils de Prud'hommes et dont les juges de paix sont saisis dans les lieux où ces Conseils ne sont pas établis, et ce, conformément à l'article 27 de la loi du 22 janvier 1851.

Art. 76. — La partie qui succombe est condamnée aux dépens envers le Trésor.

Art. 77. — L'assistance judiciaire peut être accordée devant les Conseils de Prud'hommes dans les mêmes formes et conditions que devant les justices de paix.

La partie assistée judiciairement pourra obtenir du bâtonnier de l'Ordre, la commission d'un avocat pour présenter ses moyens de défense devant le bureau de jugement du Conseil de Prud'hommes.

Art. 78. — Les demandes qui sont de la compétence de Conseil de Prud'hommes et dont les juges de paix sont saisis dans les lieux où ces Conseils ne sont pas établis, sont formées, instruites et jugées, tant devant la juridiction de première instance que devant les juges d'appel ou la Cour de cassation, conformément aux règles établies par les dispositions du présent titre.

CHAPITRE VII

De la compétence des Conseils de Prud'hommes et des voies de recours contre leurs décisions

Art. 79. — La compétence des Conseils de Prud'hommes est fixée, pour le travail dans un établissement, par la situation de cet établissement ; et, pour le travail en dehors de tout établissement, par le lieu où l'engagement a été contracté. Lorsque le Conseil est divisé en sections, la section compétente est déterminée par le genre de travail, quelle que soit la nature de l'établissement.

Art. 80. — Quel que soit le chiffre de la demande, les Conseils de Prud'hommes sont seuls compétents pour connaître, en première instance, des différends visés à l'article 1er. Toutefois, les différends entre les employés et leurs patrons peuvent être portés par les demandeurs devant les tribunaux ordinaires, lorsque le chiffre de la demande est supérieur à deux mille francs (2.000 francs) en capital.

Les jugements des Conseils de Prud'hommes sont définitifs et sans appel, sauf du chef de la compétence, lorsque le chiffre de la demande n'excède pas trois cents francs (300 francs) en capital.

Art. 81. — Les Conseils de Prud'hommes connaissent de toutes les demandes reconventionnelles ou en compensation qui, par leur nature, rentrent dans leur compétence.

Art. 82. — Lorsque chacune des demandes principales, reconventionnelles ou en compensation, sera dans les limites de la compétence du Conseil en dernier ressort, il prononcera sans qu'il y ait lieu à appel.

Art. 83. — Si l'une de ces demandes n'est susceptible d'être jugée qu'à charge d'appel, le Conseil ne se prononcera sur toutes qu'en premier ressort. Néanmoins, il statuera en dernier ressort si seule la demande reconventionnelle en dommages-intérêts, fondée exclusivement sur la demande principale, dépasse sa compétence en dernier ressort. Le Conseil statue également sans appel en cas de défaut du défendeur, si seules les demandes reconventionnelles formées par celui-ci dépassent le taux de la compétence en dernier ressort, quels que soient la nature et le montant de cette demande.

Art. 84. — Si une demande reconventionnelle est reconnue non fondée et formée uniquement en vue de rendre le jugement suscptible d'appel, l'auteur de cette demande peut être condamné à des dommages-intérêts envers l'autre partie, même au cas où, en appel, le jugement en premier ressort n'a été confirmé que partiellement.

ART. 85. — Toutes les demandes dérivant du contrat de louage entre les mêmes parties doivent faire l'objet d'une seule instance, à peine d'être déclarées non recevables, à moins que le demandeur ne justifie que les causes des demandes nouvelles ne sont nées à son profit ou n'ont été connues de lui que postérieurement à l'introduction de la demande primitive.

ART. 86. — Les jugements susceptibles d'appel peuvent être déclarés exécutoires par provision avec dispense de caution : 1° en ce qui concerne la partie non contestée des salaires et appointements, jusqu'à concurrence des neuf dixièmes, s'il s'agit de salaires et appointements protégés par l'article 61 du livre 1er du Code du Travail, jusqu'à concurrence des trois quarts, s'il s'agit d'appointements de deux mille (2.000 francs) à six mille francs (6.000 francs) par an, jusqu'à concurrence des deux tiers, s'il s'agit d'appointements supérieurs à six mille francs (6.000 francs) ; 2° en ce qui concerne les autres sommes, jusqu'à concurrence du quart de la somme, sans que ce quart puisse dépasser cent francs (100 francs). Pour le surplus, l'exécution provisoire peut être ordonnée, à la charge par le demandeur de fournir caution.

ART. 87. — Si la demande est supérieure à trois cents francs (300 francs), il peut être fait appel des jugements des Conseils de Prud'hommes devant le Tribunal civil.

ART. 88. — L'appel n'est recevable ni avant les trois jours qui suivent celui de la prononciation du jugement, à moins qu'il y ait lieu à exécution provisoire, ni après les dix jours qui suivent la signification.

ART. 89. — L'appel est instruit et jugé comme en matière commerciale, sans assistance obligatoire d'un avoué. Si les parties intéressées ne comparaissent pas en personne, elles ne peuvent être représentées que dans les conditions indiquées à l'article 69. Elles peuvent notamment se faire représenter et défendre devant le Tribunal civil, soit par un avoué près ledit Tribunal, soit par un avocat inscrit à un barreau. Dans ce cas, une procuration n'est pas exigée.

Le Tribunal civil doit statuer dans les trois mois à partir de l'acte d'appel.

ART. 90. — Les jugements rendus en dernier ressort par les Conseils de Prud'hommes peuvent être attaqués par la voie du recours en cassation pour excès de pouvoir ou violation de la loi.

Art. 91. — Les pourvois sont formés au plus tard le cinquième jour à dater de la signification du jugement par déclaration au Secrétariat du Conseil, et notifiés dans la huitaine à peine de déchéance.

Art. 92. — Dans la quinzaine de la notification, les pièces sont adressées à la Cour de cassation ; aucune amende n'est consignée, le ministère d'avocat n'est pas obligatoire.

Le pourvoi est porté directement devant la Chambre civile.

La Cour de cassation statue dans le mois qui suit la réception des pièces.

Art. 93. — Les jugements des tribunaux civils ayant statué sur appel, par application de l'article 87 de la présente loi, peuvent être attaqués par la voie du recours en cassation pour incompétence, excès de pouvoir ou violation de la loi.

Les pourvois en cassation contre ces jugements sont soumis aux règles prescrites par les articles 91 et 92. Mais la déclaration du pourvoi est faite au greffe du tribunal.

CHAPITRE VIII

Des récusations

Art. 94. — Les membres des Conseils de Prud'hommes peuvent être récusés :

1° Quand ils ont un intérêt personnel à la contestation ;
2° Quand ils sont parents ou alliés d'une des parties jusqu'au degré de cousin germain inclusivement ;
3° Si, dans l'année qui a précédé la récusation, il y a eu action judiciaire, criminelle ou civile entre eux et une des parties ou son conjoint, ou ses parents et alliés en ligne directe ;
4° S'ils ont donné un avis écrit dans l'affaire ;
5° S'ils sont patrons, ouvriers ou employés de l'une des parties en cause.

Art. 95. — La partie, qui veut récuser un Prud'homme, est tenue de former la récusation avant tout débat et d'en exposer les motifs dans une déclaration revêtue de sa signature, qu'elle remet au Secrétaire du Conseil de Prud'hommes ou verbalement faite au même Secrétaire, et dont il lui est délivré récépissé.

Art. 96. — Le Prud'homme récusé est tenu de donner au

bas de la déclaration, dans le délai de deux jours, sa réponse par écrit, portant ou son acquiescement à la récusation ou son opposition avec ses observations sur les moyens de récusation.

ART. 97. — Dans les trois jours de la réponse du Prud'homme qui refuse d'acquiescer à la récusation, ou faute par lui de répondre, une copie de la déclaration de récusation et des observations du Prud'homme, s'il y en a, est envoyée par le Président du Conseil au Président du Tribunal civil dans le ressort duquel le Conseil est situé.

La récusation y est jugée en dernier ressort dans la huitaine sans qu'il soit besoin d'appeler les parties. Avis de la décision est immédiatement donné au Président du Conseil par les soins du Procureur de la République.

CHAPITRE IX

Des émoluments, indemnités et droits alloués aux Secrétaires, huissiers et témoins

ART. 98. — Tout Secrétaire d'un Conseil de Prud'hommes convaincu d'avoir exigé une taxe plus forte que celle qui lui est allouée est puni comme concussionnaire.

ART. 99. — Il est payé aux Secrétaires des Conseils de Prud'hommes, en dehors de leurs traitements, les sommes suivantes :

Pour la convocation, par simple lettre, devant le bureau de conciliation, trente centimes (0 fr. 30) ;

Pour la convocation, par lettre recommandée, avec avis de réception, devant le bureau de jugement, cinquante centimes (0 fr. 50), non compris la taxe postale ;

Pour chaque extrait de jugement délivré au Trésor, cinquante centimes (0 fr. 50) ;

Pour chaque rôle d'expédition qu'ils livreront et qui contiendra vingt lignes à la page et de douze à quatorze syllabes à la ligne, quatre-vingts centimes (0 fr. 80) ;

Pour l'expédition, si elle est requise, du procès-verbal de non conciliation et qui ne contiendra que la mention sommaire que les parties n'ont pu s'accorder, un franc (1 fr.) ;

Pour la rédaction du procès-verbal de chaque dépôt de dessins ou modèles et pour l'émolument de l'expédition, un franc (1 fr.) ;

Les frais de papier, de registre, d'expédition ou autres, seront à la charge du Secrétaire, à l'exception du timbre des procès-verbaux et expéditions prévus à l'alinéa précédent.

Le Secrétaire touche directement des parties les droits qui lui sont alloués, même ceux provenant des expéditions qu'il délivre.

Art. 100. — Il est alloué à l'huissier :

Pour chaque citation, deux francs (2 fr.) ;

Pour la signification d'un jugement, deux francs cinquante centimes (2 fr. 50) ;

S'il y a une distance de plus de 5 kilomètres entre la demeure de l'huissier et le lieu où devront être remises la citation et la signification, il sera payé par 10 kilomètres et par fraction de 10 kilomètres en sus, aller et retour :

Pour la citation, trois francs (3 fr.) ;

Pour la signification, quatre francs (4 fr.) ;

Pour la copie des pièces qui pourra être donnée avec les jugements rendus, il sera alloué, pour chaque rôle d'expédition de vingt lignes à la page et de douze à quatorze syllabes à la ligne, quarante centimes (0 fr. 40).

Art. 101. — Il est alloué aux témoins entendus par les Conseils de Prud'hommes, qui en font la demande, une indemnité de comparution qui est ainsi fixée :

A Paris, six francs (6 fr.) ;

Dans les villes dont la population atteint le chiffre de 80.000 habitants, quatre francs (4 fr.) ;

Dans les autres villes, trois francs (3 fr.) ;

Si les témoins ne sont pas domiciliés au lieu où se poursuit l'enquête, il leur est alloué pour chaque journée de séjour forcé en sus de la première :

A Paris, huit francs (8 fr.) ;

Dans les villes dont la population atteint le chiffre de 80.000 habitants, six francs (6 fr.) ;

Dans les autres villes, quatre francs (4 fr.) ;

Si les témoins sont domiciliés à plus de 2 kilomètres du lieu où se poursuit l'enquête, il leur est alloué, en outre, à titre de frais de voyage, par kilomètre parcouru tant à l'aller qu'au retour :

1° Vingt centimes (0 fr. 20), si le transport a été effectué par voie ferrée ;

2° Soixante centimes (0 fr. 60), si le transport a eu lieu autrement.

CHAPITRE X

Dépenses des Conseils de Prud'hommes

ART. 102. — Le local nécessaire aux Conseils de Prud'hommes est fourni par la ville où ils sont établis.

ART. 103. — Les dépenses obligatoires pour les communes comprises dans la circonscription d'un Conseil de Prud'hommes sont les suivantes :

1° Frais de premier établissement ;

2° Achat des insignes ;

3° Chauffage ;

4° Eclairage et menus frais ;

5° Frais d'élection ;

6° Rétribution du ou des Secrétaires et du ou des Secrétaires adjoints attachés au Conseil, y compris les sommes nécessaires à la constitution de la pension de retraites prévue par l'article 20.

Les dépenses relatives :

1° Aux frais de déplacement des Conseillers Prud'hommes appelés à aller prêter le serment prévu à l'article 33 ;

2° Aux frais de déplacement du juge de paix agissant en vertu de l'article 59, lorsque le siège du Conseil de Prud'hommes est situé à plus de 5 kilomètres du chef-lieu de canton demeurent à la charge de l'Etat.

CODIFICATION

des usages locaux et règles diverses
de jurisprudence
concernant le contrat de travail

———

> La question de savoir quelle est la règle admise par un usage local est abandonnée à l'appréciation des juges du fond, et leurs décisions à cet égard échappent au contrôle de la Cour de cassation (*Cass., 8 janvier 1912*).

1° Délai-congé

Le délai-congé est d'une semaine pour toute personne, ouvrier ou employé, travaillant à la journée, à la semaine, à la quinzaine ou aux pièces, ainsi que pour celles qui sont employées au mois, nourries et couchées par le patron, ou nourries sans être couchées, ou couchées sans être nourries.

Il est d'un mois pour les ouvriers ou employés embauchés à un fixe par mois, quel que soit le mode de paiement, s'ils ne sont ni nourris ni couchés.

Il court à partir du jour où il est donné.

Il est de trois jours chez les boulangers, suivant convention collective.

Il n'existe aucun délai-congé pour les salariés payés à la fin de chaque journée de travail, chez les charpentiers, entreprises de démolitions, manœuvres-couvreurs (*Cons. Prud'h. Troyes, 25 août 1924, aff. Taillandier c/Garnier*), dans les teintureries (*Cons. Prud'h. Troyes, 3 novembre 1924, aff. Scherrer c/Gillier*), fabricants de carreaux de terre, paveurs, scieurs de long, terrassiers, puisatiers, maçons, garçons de café payés au pourboire seulement. En conséquence, pour ces catégories, un ouvrier congédié au cours de la journée n'a droit, comme salaire, qu'au nombre d'heures de travail effectuées (*Cons. Prud'h. Troyes, 2 juin 1913*).

Le préavis s'accomplit dans la fonction que l'ouvrier ou l'employé occupait au moment du délai-congé.

Les obligations concernant le délai-congé sont réciproques entre les patrons et les ouvriers ou employés. Elles s'appliquent même au cas de chômage en prenant ,*pour base la durée du travail effectif de la semaine.*

2° Indemnité de rupture du contrat de travail

Elle est réglée par l'art. 23 du livre 1er du Code du travail dans les termes suivants :

« Pour la fixation de l'indemnité à allouer, le cas échéant, il est
« tenu compte des usages, de la nature des services engagés, du
« temps écoulé, des retenues opérées et des versements effectués en
« vue d'une pension de retraite, et, en général, de toutes les circons-
« tances qui peuvent justifier l'existence et déterminer l'étendue du
« préjudice causé ».

———

Généralement, elle est égale au montant du salaire pendant la période de délai-congé.

Les pourboires et les gueltes en sont exclus, mais le pourcentage sur les ventes y est compris en prenant pour base la moyenne des trois mois précédents. Pour les ouvriers aux pièces, on prendra la moyenne des trois semaines précédentes.

Pour les personnes nourries et couchées, elle comprend, outre le salaire fixe, le prix de la nourriture et du logement.

L'ouvrier ou l'employé qui rompt brusquement le contrat de travail est tenu aux mêmes obligations.

3° **Droit à 2 heures par jour**

Tout salarié mis en délai-congé ou ayant lui-même donné congé a droit à deux heures consécutives par jour pendant une semaine seulement pour lui permettre de chercher du travail.

Le moment de la journée et, dans le cas de délai-congé d'un mois, le moment du mois où il les prend est fixé d'accord entre les parties, de façon à ce que les intérêts du patron et du salarié ne soient pas lésés.

Ces heures ne sont pas payées quand le salarié est à l'heure ou aux pièces ; mais elles le sont pour le personnel embauché à un fixe par jour, par semaine ou par mois et ce, en raison du caractère forfaitaire du salaire dans ces cas. La même règle s'applique au cas où c'est l'ouvrier ou l'employé qui a donné congé.

4° **Expiration du délai-congé**

La huitaine ou le mois de délai-congé constituent en droit un contrat d'une durée limitée à une semaine ou à un mois et prennent fin à l'expiration de cette semaine ou de ce mois.

Si donc l'ouvrier ou l'employé a dû cesser son travail pour une cause quelconque indépendante de la volonté du patron au cours de cette période, sans pouvoir remplir ses obligations dans le délai déterminé, le patron se trouve, par là même, libéré envers lui et, dès lors, est en droit de refuser ses offres de services (*Cass., 7 décembre 1909*).

5° **Maladie ou accident**

L'ouvrier ou l'employé qui s'absente pour cause de maladie ou d'accident, doit en aviser son patron dans les 48 heures, dimanches et fêtes exceptés, sous peine de perdre son droit de rentrée.

En cas de maladie ou d'accident prolongés, le patron, qui se trouve dans l'obligation de remplacer le salarié, ne peut le faire qu'après un avertissement préalable contenant préavis égal au préavis de délai-congé.

Dans le cas où la maladie serait due à une cause provenant du fait du travail, le Conseil de Prud'hommes pourra prendre en considération la demande de paiement de salaire en se basant sur les conditions prévues par la loi sur les accidents du travail.

6° **Période d'essai**

La période d'essai est égale à la durée du délai-congé en usage dans la profession.

Au cours de cette période, patrons et ouvriers ou employés peuvent se quitter sans avertissement préalable et sans qu'aucun d'eux puisse réclamer à l'autre des dommages et intérêts en raison de cette séparation.

Chez les menuisiers, la période d'essai est de trois jours, à partir desquels le contrat devient définitif ; la huitaine est due à partir du quatrième jour.

Dans l'apprentissage, la période d'essai est de deux mois (*art. 13, livre 1er du Code du travail*).

7° **Frais de voyage**

Le remboursement des frais de voyage des ouvriers ou employés venant prendre possession de leur emploi doit être réglé par convention entre les parties.

A défaut de convention, il sera fait dans les conditions suivantes :

Si c'est le salarié qui a demandé l'emploi, il aura droit à l'aller seulement, quelle que soit la durée du travail.

Si c'est le patron qui l'a fait venir, il aura droit à l'aller, quelle que soit la durée du travail ; il aura droit au retour si le contrat est rompu au cours de la période d'essai par l'une ou l'autre partie.

8° **Dommages causés par le salarié**

Le salarié est responsable des détériorations causées par sa négligence au matériel confié à ses soins, ainsi que des malfaçons provenant de sa faute (*Cass., 15 février 1892*).

9° **Dérogation aux usages**

Il peut être dérogé aux usages :

1° Par des *conventions entre les parties* en vertu de l'art. 1134 du Code civil qui dit que les conventions légalement formées tiennent lieu de loi à ceux qui les ont faites.

Il faut remarquer que les conventions collectives ne sont applicables qu'à partir du jour qui suit celui où elles sont déposées au Secrétariat des Conseils de Prud'hommes (*art. 31 c du Code du Travail*).

Cette prescription ne vise pas les conventions individuelles, qui ne sont soumises à aucune forme particulière.

2° Par des *règlements d'atelier*.

En l'état actuel de la législation, les règlements d'atelier sont licites et ont force obligatoire à la condition qu'ils aient été portés à la connaissance de l'ouvrier.

Il a été jugé que l'affichage du règlement d'une façon apparente dans les locaux où travaillent les ouvriers emporte présomption que ceux-ci l'ont connu et accepté (*Cass., 12 mars 1918*).

Néanmoins, des contestations peuvent s'élever au sujet de la connaissance qu'en auraient les ouvriers. Les tribunaux ayant un pouvoir souverain d'appréciation sur cette question (*Cass., 9 décembre 1907*), le Conseil recommande aux patrons de faire signer par leurs ouvriers l'acceptation du règlement et de faire le dépôt de ce document au Secrétariat du Conseil.

INDEX ALPHABÉTIQUE

(Les chiffres renvoient aux articles de la loi du 21 juin 1924, sauf indication contraire)

INDEX ALPHABÉTIQUE

des « Usages locaux »

(Les numéros renvoient aux paragraphes)

9 782329 044484